U0579171

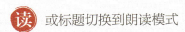 或标题切换到朗读模式

释 切换到注释模式

评 听对应点评

朗读模式：点标题听全文朗读，点正文听分句朗读。
注释模式：点角标听对应注释，点"＿＿＿"听单字、词解释。

张崇伟（正文朗读）

北京卫视气象主播 /《天气预报》节目主持人 / 北京市气象局气象科普宣传大使

百花录音棚

建于 1981 年，被誉为"中国摇滚乐的圣地"。曾经为唐朝、黑豹、指南针等著名摇滚乐队提供录制服务。现在还拥有强大的配音团队，和央视等各大电视台合作，为各类题材的影视动画配音、配乐。

怎样开启你的TING笔

 如需使用TING笔，请如图所示长按开/关键2秒直至听到开机音乐。

 用TING笔笔尖点击圆圈中心，你将听到一段音乐提示。这段音乐提示在你每次阅读点击TING书的时候都会出现。

 现在你就可以使用TING笔并体验惊喜啦！

说明：购买TING笔，请登录TING笔门户网站：
http://www.ting-pen.com

Activate TING here!
点击这里激活TING!

关注公众号 购买 TING 笔
小萌童书公众号二维码

童年读库

—— 中华传统文化经典 ——

古诗十九首

周维强 评注

江苏凤凰文艺出版社
JIANGSU PHOENIX LITERATURE AND
ART PUBLISHING, LTD

图书在版编目（CIP）数据

古诗十九首/周维强评注. --南京:江苏凤凰文艺出版社,2018.1
（童年读库·中华传统文化经典/周维强主编;第1辑）
ISBN 978-7-5594-1439-7

Ⅰ.①古… Ⅱ.①周… Ⅲ.①古典诗歌－诗集－中国 Ⅳ.①I222

中国版本图书馆CIP数据核字(2017)第291575号

古诗十九首　　周维强 评注

选 题 策 划　小萌童书
责 任 编 辑　姚 丽
责 任 监 制　刘 巍　江伟明
美 术 编 辑　王金波
出 版 发 行　江苏凤凰文艺出版社
出版社地址　南京市中央路 165 号, 邮编: 210009
出版社网址　http://www.jswenyi.com
印　　　刷　北京利丰雅高长城印刷有限公司
开　　　本　170 毫米 ×220 毫米　1/16
字　　　数　387 千字
印　　　张　36
版　　　次　2018 年 8 月第 1 版, 2018 年 8 月第 1 次印刷
标 准 书 号　ISBN 978-7-5594-1439-7
定　　　价　208.00 元（全四册）

版权所有　侵权必究　发现图书印装质量问题, 请与我联系免费调换。客服电话：(010) 56421544

总序

　　一个民族的文化，在漫长的历史过程里，总会逐渐积累起来一些比较固定的，为全民族所认同的文化传统，组成这个文化传统的基本要素，包括价值观、审美趣味、行为方式，等等。

　　一个民族的文化传统在形成过程中，也总会凝聚成一些经典的文本。这些文本，以文字的形式，对文化传统作出表述。这些经文字表述而形成的文本，总会对文化的传承起到促进作用。

　　一个民族的文化传统，也不会是在封闭的状态里形成的。历史的启示是，民族的文化传统往往会在各民族文化的大交流、大碰撞中，得到对自己更有益的养料。

　　自从大航海时代以来，全球化的文化交流一直是在加速度的发展之中。这样的大交流，也促进了民族文化传统的扩展、延伸和新生。

　　中华民族有文字记载的历史已有三千年。三千年来形成的文化传统和凝聚了文化传统的经典文本，辉耀史册。而近世以来，西风东渐，中外文化的大交流，促进了中华文化及其内涵更加丰富、深厚，推动了新的生机勃勃的文化经典的诞生。

　　传统是我们的根，这个根也是在不断延伸和生长的。我们在这个民族文化中的成员，应该了解我们的"根"，也应当了解在发展中的"根"，应当了解我们的"根"也不是一成不变的，以养成在今天这个"地球村"时代里一个"世界公民"所应有的修养、气度和怀抱。有鉴于此，我们发愿编辑这套"最美中华经典爱藏文库"。

　　这套文库的书目，既有古代历史上形成的经典读物，也包括了近世西风东渐以来产生的经典作家的作品。所谓"最美"，"最"不是排斥性的"唯一"的意思，而是一个"开放性"的"涵盖"。"美"，既包括内容，也包括形式。我们也衷心希望读者能向我们推荐认为值得纳入这套文库的书目。

海纳百川，有容乃大。

是所望焉。谨序。

周维强

2017 年春天

序

南朝梁代的太子萧统，生于公元 501 年，文学家，生前编选了一部流传至今的诗文总集《文选》。萧统在梁天监元年（公元 502 年）被他的父亲梁武帝萧衍立为太子，但未及登位就在中大通三年（公元 531 年）早逝了，谥号"昭明"。历史上也常称他为昭明太子，所以他编选的这部《文选》，也会被称为《昭明文选》。

萧统编选这部《文选》，从传世的古代诗歌里选录了十九首五言抒情诗，收进这部《文选》卷二十九"杂诗（上）"。因为这十九首诗的作者都已经不知道姓名了，所以萧统就给这十九首诗冠名"古诗"，总名"古诗一十九首"，用以表示这十九首诗是一件独立的、完整的诗歌作品。这十九首诗，每一首都没有题目，故每首诗取第一句作为这首诗的标题。

《古诗十九首》的作者已不可考。但古代有的学者说其中有的篇章是西汉的枚乘所作，有的诗篇是东汉的傅毅所作。这些也是猜测，没有可靠证据可以证明。所以学者们基本认定这十九首诗的作者已不可考。这些诗也不是一个人写的，而是有很多的作者。这很多作者的基本的身份，应该是中下层的不得志的士人。

这十九首诗的写作年代也历来众说纷纭，有说是两汉的，有说是西汉为主的，有说是东汉的。但大多数学者倾向于认为是东汉末年的作品。梁启超先生在《中国之美文及其历史》里估定这十九首诗的写作年代大概是在公元 120 年至 170 年这 50 年间。叶嘉莹教授在《谈〈古诗十九首〉之时代问题》里则判定这十九首诗应该是在傅毅、班固以后，建安曹王以前的东汉作品。具体年代的考定，学者之间容有区别，但基本倾向于东汉末期，则是一致的。

这十九首诗，不是成于一人之手，写作年代也在前后数十年之间，但是诗中流露出来的感情和思想的倾向还是比较一致的。这些思想和感情的倾向，清代文学评论家沈德潜的概括是"逐臣弃妻、朋友阔别、游子他乡、死生新故之感"，或者借用聂石樵先生《先秦两汉文学史》里的表述："表现失意士子羁旅之悲愁和空闺思妇寂寞之哀思。游子之慨、思妇之情构成基本内容。"叶嘉莹先生说这十九首抒情诗，所写的感情基本有三类：离别的感情、失意的感情、忧虑人生无常的感情，这三类感情都是人生最基本的感情。所以叶嘉莹先生把这叫作"人类感情的'基型'或'共相'"。叶嘉莹先生的这个分析，具体地说清楚了清代学者陈祚明所说的《古诗十九首》"为千古至文者，以能言人同有之情也"这个话的意思了。

为什么这十九首诗会有这么基本相同的思想感情呢？梁启超的分析是，这个时候已经到了东汉的末期了，大动乱的前夜，祸机四伏，文人是敏感的，他们首先感受到了社会危机，产生了一种不安感，"大抵太平之世诗思安和；丧乱之余，诗思惨厉"，所以这十九首诗，虽然不是成于一人之手，但在一个共同的时代里，难免会有共同的思想感情的产生。而这些思想感情，正如叶嘉莹先生所说也是人类所共有的，所以千载之下，依然能够打动人心。

《古诗十九首》的艺术特色，一个是善于使用比、兴的手法；一个是长于抒情；还有一个是用语浅显，但浅显的用语却新鲜而深挚地表达了诗人的思想感情，明代诗评家陆时雍说《古诗十九首》"深衷浅貌，短语长情"，具有很强的艺术感染力。这十九首五言抒情诗，标志着中国古代五言诗发展到了一个成熟的阶段。南朝文学批评家刘勰说是"五言之冠冕"。大翻译家傅雷先生推荐给自己孩子的阅读作品里，就有《古诗十九首》。笔者将近四十年前初读《古诗十九首》，那时并没有想到要背诵，一遍读下来，后来居然还常常想得起其中的一些句子，可见这些作品的语言的魅力。

这册《古诗十九首》的注释，两句一注，注释标记写在两句诗的后面，而不是标记在诗句的中间。这样做主要是考虑到不至于使诗句被标注记号割裂得支离破碎，而能保持五言诗的形式上的整齐的美感，也便于阅读。

这册《古诗十九首》的注释，主要的引用和参考书目是：萧统编选《文选》6 册（上海古籍出版社版），游国恩主编《两汉文学史参考资料》上、下册（中华书局版），聂石樵撰著《先秦两汉文学史》上、下册（中华书局版），叶嘉莹撰著《迦陵谈诗》（三联书店版）、《叶嘉莹说汉魏六朝诗》（中华书局版）。

记得三十多年前大学时代，曾阅读游国恩先生主编的"先秦""两汉"两部文学史参考资料，这两部书广征博引，折中取舍，受益颇多。聂石樵先生给我们讲文学史，先生目光炯炯，讲课要言不烦，每多新意，这些授课的内容后来就构成了《先秦两汉文学史》的主要内容。叶嘉莹先生给我们做古诗词讲座，叶先生讲课，声调抑扬顿挫，我至今还记得她念她自己的诗作"读书曾值乱离年，学写新词比兴先"时的声调语气。这一晃就三十多年过去了，真是"人生天地间，忽如远行客"啊。

周维强

2017 年 3 月 27 日

目 录

行行重行行

行行重行行，与君生别离[1]。

相去万余里，各在天一涯[2]。

道路阻且长，会面安可知[3]。

胡马依北风，越鸟巢南枝[4]。

相去日已远，衣带日已缓[5]。

浮云蔽白日，游子不顾返[6]。

思君令人老，岁月忽已晚[7]。

弃捐勿复道，努力加餐饭[8]。

【注释】

1.行行重行行：走个不停，同时也含有愈走愈远的意思。生别离：生离死别。也有解释作"硬生生地分离开来"或"活生生地分开"。

2.相去：相距的意思。天一涯：即天一方，天各一方。

3.阻且长：路途艰难而且漫长。这句典出《诗经·蒹葭》："所谓伊人，在水一方；溯回从之，道阻且长。"

4.胡，指北方。胡马：胡地所产的马。越鸟：越指南方，南方的鸟。这两句是说：北方的马到了南方，仍然依恋北风；南方的鸟到了北方，在树上筑巢也要向着南方。表示对故土的思念。这两句是家乡的女子悬想在外游子应当有故土之思。

5.缓：宽松。这两句是说，分别久远，因为思念而消瘦，衣带也愈来愈松了。

6.浮云蔽白日：指游子被陷害如太阳之被浮云所遮蔽。不顾返：不想着回家。这两句，朱自清先生的一个解释是：游子被乡里"谗邪"所害，所以远走高飞，不想回家。

7.这两句是说，因为思念你，使我变得老多了，而一年又很快要过去了。

8.弃捐：抛弃。勿复道：不要再说了。努力加餐饭，努力多吃饭，就是保重身体的意思。这两句诗是思妇慰勉在外的游子，什么话都丢开不要说了，多多保重自己的身体啊。也可以解读为思妇勉励自己要多加餐保重身体，好等待游子的归来。两个解释都能说通。

【点评】

　　这首诗是以在家乡的女子思念远行游子的口吻而写。游子是这位思妇的夫君，因为受到陷害而不得不远行。全诗先写生离死别的悲苦，再度会面的遥遥无期，然后写思妇设想游子对故乡的思念，思妇自己也因思念而变得老了，消瘦了。最后是劝勉在外的游子，抛开这些不提了吧，一个人在外要多多保重啊。一句"努力加餐饭"，是家常话，叮嘱语平淡中含着深情。所以南朝的诗论家钟嵘赞叹《行行重行行》等古诗是"文温以丽，意悲而远，惊心动魄，可谓几乎一字千金"。

　　顺带说一下，读古诗，对诗句的解释，有时候也是可以多样的，只要解释得通，能够传达原诗的意味就行，不一定非得一种解释。比如"与君生离别"，"生"字解释作"硬生生"，叶嘉莹教授说这是唐宋以后的事。但叶嘉莹教授又说：虽然把"生"字解释作"硬生生"是后世读者的一种联想，而就文学欣赏来说，这种联想也可以使原诗的意境更为丰富多彩，也未始不可承认有这样一种想法和感受的存在。

青青河畔草

青青河畔草，郁郁园中柳[1]。

盈盈楼上女，皎皎当窗牖[2]。

娥娥红粉妆，纤纤出素手[3]。

昔为倡家女，今为荡子妇[4]。

荡子行不归，空床难独守[5]。

【注释】

1. 青青、郁郁：都是指草木茂盛的样子，青青则还同时形容了草木的色彩。

2. 盈盈：仪态美好的样子，这里形容女子的姿容丰满。皎皎：光明的意思，这里形容女子肤色白皙。当：面临。窗牖：窗户。这句是说：一个美丽的女子在楼上临着窗户，临窗自然是在看着窗外。

3. 娥娥：娇美。红粉妆：指用脂粉装扮。纤纤：手指纤细。素：没有染色的生帛。素手是形容女子的手的光滑洁白。出素手是形容女子在窗前的姿态。

4. 倡家女：即歌舞乐伎，当时的以唱歌跳舞演奏为职业的女子，不同于后世所谓的娼妓。荡子：即游子，远游在外的男子，不是后世所谓的浪子、败子。这两句说明这个女子的身世和现在的处境。

5. 这最后的两句是说，夫君辞家远游不归，自己一个人守着空床，孤独的滋味很不好受，"独守"怕是有些不容易做到了。

【点评】

这首诗写倡家出身的思妇，春天来了，草木繁盛，青春的少妇正应当在春天里行乐，可是良人远行不归，少妇在楼上临窗望远，只见河畔草青青，园中柳郁郁，望不到游子的归来，感到一个人的寂寞难耐。这首诗先写春天的景色，然后由春景而写人的内心的思虑，由春天花木茂盛而愈加反衬出思妇的孤独寂寞。这首诗善于使用叠字，前六句各以叠字起句，青青、郁郁、盈盈、皎皎、

娥娥、纤纤，明代顾炎武赞叹"连用六叠字，亦极自然，下此即无人可继"。

聂石樵教授说汉代职业艺人的思想比较开放，没有从一而终的礼法观念，这首诗所写的倡家女即不甘心独守空房，和前面一首《行行重行行》所写的思妇是两种截然不同的形象，表现了两种不同的精神生活和心理状态，反映了不同的生活侧面。

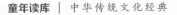

青青陵上柏

青青陵上柏，磊磊涧中石[1]。

人生天地间，忽如远行客[2]。

斗酒相娱乐，聊厚不为薄[3]。

驱车策驽马，游戏宛与洛[4]。

洛中何郁郁，冠带自相索[5]。

长衢罗夹巷，王侯多第宅[6]。

两宫遥相望，双阙百余尺[7]。

极宴娱心意，戚戚何所迫[8]。

【注释】

1. 陵：高丘。磊磊：很多石头聚集在一起。

2. 忽：匆匆，急速。这两句是说：人生在天地间，匆匆如远行的过客一样。

3. 斗：酒器。斗酒，指量不多的酒。聊：姑且。这两句是说：斗酒虽然是味薄的，但为了行乐，我姑且就当这酒是醇厚的。

4. 策：鞭打。驽马：品种低劣的马。宛与洛：宛县与洛阳，宛县即今之河南省南阳市，洛阳是东汉的京都，两地当时都是繁华都市。这两句是说诗中的主人公对劣马也不在乎，他只是游戏罢了。这两句和前面两句一个意思，都表明了诗中主人公的玩世不恭。

5. 郁郁：表示气势旺盛，气象繁盛。冠带：本义指帽子与腰带，借指有身份、有地位的人。索：寻求，探访。这两句是说：洛阳城里气象繁盛，熙熙攘攘，富贵人之间互相探访。朱自清先生说"自相"的意思是富贵人只找富贵人，不把别人放在眼下；同时别人也不把他们放在眼下，他们尽管来往他们的。

6. 衢：四通的大道。罗：罗列。夹巷：大道旁的小巷。这两句是说：洛阳城里大街小巷布满了王侯们的府第住宅。

7. 两宫：洛阳有南北两宫。双阙：古代宫门两旁的望楼，左右各一座，可登高望远，双阙中间通大道。百余尺：指双阙的高度。这两句和上面的两句，都是写京都的繁华。

8. 极宴：极尽奢华的宴饮。戚戚：忧愁。迫：指心情被压迫，压抑。这两句是说：我极尽豪奢地喝酒欢宴，是要使自己高兴，为什么还要让忧愁压抑我的心怀呢？

【点评】

　　这首诗表达了人生短暂、行乐须及时的人生态度。我们在本书的前言里已经说过，《古诗十九首》的写作年代，大致是在东汉末年。此时社会正处于大动荡的前夜，诗人敏感地意识到了这种危机四伏的社会状态。梁启超先生说太平之世诗思安和，丧乱之余，诗思惨厉。所以《古诗十九首》里会多有这种及时行乐的人生态度的表达。另外，这些诗也替我们保存下来了当时社会心态的写照。

　　梁启超说《古诗十九首》的第一点特色就是善于使用比兴的写作手法。比，就是以此物比彼物，简单说就是比喻。兴，就是先说别的，以引发所要吟诵的，简单说就是起兴，发兴。这首诗就很突出地体现了这个特点。诗的开头连着说了陵上柏树、涧中石头，这些在诗人看来都是可以长存的，接着又比喻人生如天地间的远行过客，一会儿就不见了，反衬出人生的短暂。朱自清先生说这首诗开头用了三个比喻，寄托人生不常的慨叹。诗写得很动人。

今日良宴会

今日良宴会，欢乐难具陈[1]。

弹筝奋逸响，新声妙入神[2]。

令德唱高言，识曲听其真[3]。

齐心同所愿，含意俱未申[4]。

人生寄一世，奄忽若飙尘[5]。

何不策高足，先据要路津[6]。

无为守穷贱，辗轲长苦辛[7]。

【注释】

1. 具陈：一一地叙述描述出来。

2. 奋：发出，振发。逸响：奔放的声音。新声：指时行的曲子。

3. 令德：美好的品德，这里指为曲子作词的人。高言：高妙的言论。

4. 申：表明，说出来。

5. 寄：旅客寄宿。奄忽：急速，迅疾。飙尘：狂风卷起的尘土。

6. 策：鞭打。高足：指良马。要路津：重要的路口和渡口，这里指显要的官位或权位。

7. 无为：不要，何必。辗轲：不得志，失意。

【点评】

　　这首诗写了宴会的一个片段或一个截面。诗中的主人公参加了一个宴会，有人弹琴高歌，嘉宾们都听懂了歌曲的真实含义，都有共鸣而没有明说出来。这个含义是什么呢？诗中的主人公在后面的六句里说了，人生天地，就像过路的旅客，生命短暂，又像风卷尘土身不由己，所以何不快马加鞭，先占据了显赫的权位，不要甘守穷困，让自己长期地失意、辛苦。

　　这首诗显然有着愤世嫉俗的情绪。王国维评论这首诗里的"何不策高足"四句为"鄙之尤"，庸俗不堪。但另一方面，也得看到这首诗里可能反映出来的另一种意思，即生当东汉末期，中下层士人受到压抑而生出来的不平之气。

所以清代的贺贻孙看出其中的牢骚，说这首诗"无端感慨，不情不绪，全是一肚皮愤世语"。

西北有高楼

西北有高楼，上与浮云齐[1]。

交疏结绮窗，阿阁三重阶[2]。

上有弦歌声，音响一何悲[3]。

谁能为此曲，无乃杞梁妻[4]。

清商随风发，中曲正徘徊[5]。

一弹再三叹，慷慨有余哀[6]。

不惜歌者苦，但伤知音稀[7]。

愿为双鸿鹄，奋翅起高飞[8]。

【注释】

1. 上与浮云齐：这句是以夸张手法来写楼的高。

2. 疏：雕刻，镂刻。交疏：交错雕刻。绮：原意是有花纹的丝织品，这里引申作花纹。阿阁：四周有檐的楼阁。阶：阶梯。三重阶：是说它的高。这两句是说：这座高楼有交错雕刻着花纹的窗子，四周有檐的楼阁阶梯重重。以上四句描写这座楼的高和华美，可以看出这是一个富贵人家。

3. 一何悲：何其的悲伤，多么的悲伤。这两句是说：高楼上有弹琴唱歌的声音，声调是那么的悲伤。

4. 无乃：表示不敢肯定的测度语气。杞梁妻：春秋时期齐国大夫杞梁的妻子。杞梁战死，杞梁妻痛哭十日后自杀。传说杞梁妻的妹妹朝日为她的姐姐而感到悲伤，作了这首琴曲。这两句是说：谁能唱出这样悲伤的曲子呢？莫不是杞梁妻这样的人吗？游国恩先生的注解参用了徐中舒先生的说法，说这两句含有赞叹曲子唱得好的意思，说不是像杞梁妻这样的人是唱不出这样的曲子的。

5. 商：古代音乐理论里的五声之一，音调凄厉悲伤。清商：音调凄清的声音。中曲：一首乐曲的中间部分。徘徊：这里指乐声回还往复。这两句是说：悲伤的曲子随风发散，正到了乐曲的中间段落反复地咏叹。朱自清先生说：歌曲的徘徊，暗示了歌者心头的徘徊，听的人的脚下的徘徊。

6. 叹：乐曲中的和声。慷慨：激昂的情绪，不得志的情绪。余哀：不尽的哀伤。这两句是说：乐曲一弹三叹，含着失意的不尽哀伤。

7. 余冠英先生解释这两句说：我所痛惜的还不是歌者心有痛苦，而是歌者心里的痛苦没有人能够理解。这种缺少知音的悲哀乃是楼上歌者和楼外听者所

共有的（听者设想如此），所以闻歌而引起情绪的共鸣。

8.鸿鹄：大雁和天鹅，都是善飞的大鸟，比喻有远大志向和抱负。

【点评】

　　这首诗感叹知音难遇。先写华美高楼，楼上凄清的歌曲随风飘散，接着写听歌者，听者抒发对歌者知音不遇的同情，也是听者的自伤。最后"愿为"两句，聂石樵先生解释说是全诗主旨所在，以鸿鹄双飞，向他所思念者表达高翔远举的心意，然而正如聂先生接下来又援引明人陆时雍的话"空中送情"所点明的，空中送情，送给谁呢？所以抒发远大志向的言外之意也是"令人悱恻"，"情无所寄，岂不更加悲哀"。

涉江采芙蓉

涉江采<u>芙蓉</u>，<u>兰泽</u>多<u>芳草</u>[1]。

采之欲<u>遗</u>谁，所思在<u>远道</u>[2]。

<u>还顾</u>望旧乡，长路<u>漫浩浩</u>[3]。

<u>同心</u>而<u>离居</u>，忧伤以终老[4]。

【注释】

1. 芙蓉：莲花。兰泽：生长着兰草的湖沼。芳草：即指兰草。
2. 遗：赠予。远道：即远方。
3. 还顾：回过头来看。漫浩浩：意思是指没有边际，没有尽头。
4. 同心：意思是思念者和被思念的情意相投。离居：意思是分离在两地。

【点评】

这首诗几乎没有难懂的字词，字面意思很好懂，也是写游子思乡。聂石樵先生更具体地说，这首诗就是写游子怀念远在家乡的妻子。

游子过江涉水采莲花，可是采了又能送给谁呢？所思念眷恋的人儿在远方。回过头来看家乡，长路漫漫。两人虽然情投意合但分处遥远的两地，这一生彼此恐怕都要这样忧伤地度过了。

这首诗用了三个典故。一个是"涉江"。朱自清先生说："涉江"是《楚辞》的篇名，先秦大诗人屈原所作的《九章》里的一章，屈原写的《涉江》记述的正是他自己流离转徙的情形。所以这首诗借用了"涉江"这个成辞，也多少是暗示诗里的主人公也是和屈原一样地流离转徙。

第二个典故是"芳草"。自从先秦《楚辞》以来，"芳草"就成了一个美好理想或美好事物的象征物。

第三个典故是"同心"。《易经》里说："二人同心，其利断金。同

心之言，其才臭如兰。"这句话里的"臭"，不是我们现在理解的"臭味"，而是指气味的意思，也包含是指香味。有的学者就以为这首诗里的"同心"也是借用了《易经》里的这个话。

所以聂石樵先生认为这首诗在遣词造句和精神境界上，都是从《楚辞》里化出来的。

明月皎夜光

明月皎夜光，促织鸣东壁[1]。

玉衡指孟冬，众星何历历[2]。

白露沾野草，时节忽复易[3]。

秋蝉鸣树间，玄鸟逝安适[4]。

昔我同门友，高举振六翮[5]。

不念携手好，弃我如遗迹[6]。

南箕北有斗，牵牛不负轭[7]。

良无磐石固，虚名复何益[8]。

【注释】

1. 促织：即蟋蟀。促织是秋虫，不喜欢冷，东面的墙壁向阳，暖和，所以蟋蟀会鸣于东壁。

2. 玉衡：北斗七星中的第五颗星，从第五颗星到第七颗星，构成北斗星的斗柄的形状。孟冬：初冬。"玉衡指孟冬"：玉衡指向了表示初冬季节的方位，也就是说冬天来了。历历：分明的样子。

3. 白露：秋天的露水。时节：季节。易：变换。这两句是说：秋天的露水沾湿了野草，季节很快地又变换了。

4. 玄鸟：燕子。逝：往。安：何处。适：去。这两句是说：天冷了，秋蝉还在树上鸣叫，燕子将往哪儿飞去。有的学者说，这儿的秋蝉是诗中主人公的自喻，天冷了没有挪地方，还在树上鸣叫；燕子则是指找到了得意处的人。这样就引出了下面六句。

5. 同门友：在同一个老师门下学习的朋友，即同学。高举：高飞。振：可解释作"奋"。六翮：指大鸟的翅膀。这句是说我旧日的同学，现在都举翅高飞了，得志了。

6. 携手好：即同门友。遗迹：走路时留下的脚印。这两句是说：我的旧日的同学得志了，抛弃了我就像行人遗弃了脚印。

7. 南箕北有斗：箕、斗均为星座名字，箕在南，斗在北，所以说"南箕北有斗"。这句是化用《诗经·小雅》里的诗篇《大东》的句意："维南有箕，不可以簸扬。维北有斗，不可以挹酒浆。"说这两颗星虽然被命名为箕和斗，但徒有其名，并不能用来簸扬糠秕和舀酒浆。牵牛：牵牛星。轭：牛车前的横木。牵牛不负轭：这句也是化用《诗经》里《大东》"睆彼牵牛，不以服箱"的句意，虽然被命名为牵牛星，但也是虚有其名，并不能真的能像牛那样能拉车。这两句的意思都是比喻，虽然是同门同学，但也是空有其名，而没有真实的同学情谊。

8. 最后两句的意思是说：这同门情谊实在没有磐石那样坚固，虚有同门友的名义，对我又有什么用呢？

【点评】

　　这首诗是说同门师兄弟中失意者抱怨得志者不提携自己，感叹交情炎凉。诗的前半部是写季节转换，由秋末冬初的凄清夜景的描绘，转入写季节变换，而联想到秋蝉和燕子，再想到失意的自己和飞黄腾达的同门同学，感物起兴而感叹人事，层层写来，诗中的主人公月下徘徊，悲情溢于纸上。

冉冉孤生竹

冉冉孤生竹，结根泰山阿[1]。

与君为新婚，菟丝附女萝[2]。

菟丝生有时，夫妇会有宜[3]。

千里远结婚，悠悠隔山陂[4]。

思君令人老，轩车来何迟[5]。

伤彼蕙兰花，含英扬光辉[6]。

过时而不采，将随秋草萎[7]。

君亮执高节，贱妾亦何为[8]。

【注释】

1. 冉冉：枝叶柔弱下垂的样子。孤生竹：孤独无依的竹子。结根：扎根。泰山：即太山，古代太、大通用，泰山即大山、高山。阿：山坳。这两句采用比兴的手法。唐代学者李善的注解说：竹子扎根在山阿，比喻妇人托身给了君子。

2. 菟丝：一种蔓生植物，多用于指代女子。女萝：即松萝，一种地衣类蔓生植物，这儿比喻为这位女子的丈夫。这两句是说：我与夫君新婚，就像菟丝与女萝相互缠绕依附。

3. 菟丝生有时：即是说菟丝开花有定时，比喻女子青春容颜。朱自清先生说为什么单提菟丝，不说女萝呢？因为菟丝有花，女萝没有花。花及时而开，夫妻也该及时相会。会：相会。有宜：有适当的时间。这两句是说：菟丝开花有一定的时候，夫妇相会也应该有适当的时间。

4. 悠悠：遥远。陂：水泽，这里泛指江河。山陂，即山水。这两句是说，我老远地过来和你结了婚，婚后你又远行，我们之间隔着山山水水。

5. 轩车：有屏障的车，古代大夫以上的官员才能乘坐这样的车，这里指丈夫所乘归来的车。这两句是说：我想念你想得人都憔悴了，你怎么还不乘车归来啊。

6. 蕙、兰在这里是诗中的主人公的自喻，"伤彼"其实是自伤。英：花。含英：含苞待放。

7. 过时而不采：花过了开放时节不采摘。萎：枯萎。这两句承上面两句而来，说的是花，其实是诗中的主人公以花来比喻自己。以上四句合起来，意思是说，鲜花盛放，这个时节不采摘，将和秋草一起枯萎，自己青春嘉年华，过了这个时候，也将和枯萎的花一样。所以"伤彼"，其实是自伤。

8.亮：同谅，想必。高节：高尚的节操。亦何为：反诘语气。这两句是说，夫君想必能够秉持高尚的节操，早晚会回来，那么贱妾我又何必这样自伤呢？这是诗中的主人公揣想丈夫会守志不渝，早晚会回来，以此宽解自己。

【点评】

这首诗表达了女子新婚后对丈夫久别不归的怨情。写作上的特点是用了譬喻的修辞手法，表现了思妇的性格温柔、容貌美丽。全诗层层展示了女主人公的内心情感，最后宽慰自己想来夫君有着高尚的节操，早晚会回家，自己也就不要再自伤了。所以明代的文学评论家钟惺称赏这首诗是"相思中极敦厚之言"。

庭中有奇树

庭中有奇树，绿叶发华滋[1]。

攀条折其荣，将以遗所思[2]。

馨香盈怀袖，路远莫致之[3]。

此物何足贵，但感别经时[4]。

【注释】

1.庭中：庭院中。奇树：即嘉树，佳美的树。发：开。华：同“花”。滋：意思是繁茂。华滋：指花叶繁盛。

2.条：指花枝。荣：即花朵。遗：赠予。以上四句是说：庭院里嘉树开满了花，我折下花儿，想送给我心中所思念的人儿。

3.馨：香气。馨香指花的香气。盈：满。致：送到。这两句是说：花儿的香气充盈了我的衣服的襟袖，道路遥远这花儿没法送给我所思念的人。余冠英先生说：花香盈袖，说明这花儿怀藏了不少时间。朱自清先生说：花香盈袖，说明嘉树的花香特盛，不同于一般的花，更适于赠人，可是因为路远无从送达，只好痴情地执花在手，任它香气盈袖而无可奈何。

4.时：指别离的时间。经时：指别离的时间过了很久。这两句是说：这花儿本身也算不上珍贵，只是我感到别离的时间太久了。

【点评】

这首诗也是写了女子思念游子。清代学者朱筠解释这首诗说：别离是在树木开花前，而今花开了，人还没有回来，看花岂能漠然？所以折花想送给远方的人，以表达自己的思念之情，因物而思绪百端。女子看到庭中嘉树开花，就想到了二人别离的长久，想折花送给心中所思念的人儿，可惜路远无从送到，

于是转而又想：这花儿其实也不是贵重，只是感到我们别离得太久了。所以朱筠说这首诗"数语中，多少婉折"，诗确实写得千回百转，蕴藉深厚。

迢迢牵牛星

迢迢牵牛星，皎皎河汉女[1]。

纤纤擢素手，札札弄机杼[2]。

终日不成章，泣涕零如雨[3]。

河汉清且浅，相去复几许[4]。

盈盈一水间，脉脉不得语[5]。

【注释】

1. 迢迢：遥远。皎皎：洁白明亮。河汉女：即织女星。这两句是说：牵牛星在遥远的地方，对岸是皎洁的织女星。这里用了牛郎织女的传说。传说牛郎和织女隔着天河，每年只能在七月初七之夜相见一次。

2. 擢：摆动。札札：织布机的声音。杼：织布机上的梭子。这两句是说：织女摆动着纤纤的洁白的手指，札札地牵引着梭子织布。这是诗人的想象。

3. 不成章：指织不成布。零：落下。这两句是说：织女因为思念过度而织不成布，即无心织布，泪如雨下。

4. 河汉：银河。相去：相距。几许：多少。这两句是说：银河又清又浅，相距又能有多远呢？

5. 盈盈：水清浅。脉脉：凝视。这两句是说：清清浅浅一水相隔，却只能相互凝望而不得说话，不能互诉衷情。也有解释"盈盈"是形容织女仪态美好，这样解释的话，这两句就是专就织女来写了，是描写了织女隔河凝望牛郎的样子。这样解释，也说得通。

【点评】

这首诗以著名的牛郎、织女的传说为题材来写相思而不得相亲的痛苦，写的是牛郎、织女，但我们也可以理解是诗人借了写牛郎、织女的故事来抒写自己的情感。这首诗写作上和《青青河畔草》相似，也是善于使用叠字，所不

同的是，《青青河畔草》是开篇连用了六个叠字，《迢迢牵牛星》则是在全诗的最后两句用了"盈盈""脉脉"叠字，也是别开生面。清代学者方东树说这首诗最后四句最好，"不著论议而咏叹深致"。

回车驾言迈

回车驾言迈，悠悠涉长道[1]。

四顾何茫茫，东风摇百草[2]。

所遇无故物，焉得不速老[3]。

盛衰各有时，立身苦不早[4]。

人生非金石，岂能长寿考[5]。

奄忽随物化，荣名以为宝[6]。

【注释】

1. 回：掉转。言：语助词。迈：远行。悠悠：遥远。涉：跋涉。长道：长途。这两句是说：掉转车子，驾车向着漫漫长途，走向远方。

2. 四顾：环顾四周。茫茫：广远无际。东风：指春风。摇：摇动，吹动。这两句诗承接上面两句：回车向着远方而去，环顾四面，天地茫茫，只看见春风吹动各种野草。

3. 故物：以前遗留下来的东西。这两句也是连着上面两句而来，野草在春风里吹又生，所以就不是以前的旧物了，眼前所见的没有以前的物事了，人怎么能不很快地就衰老了呢！

4. 有时：有一定的时机。立身：指立德、立功、立言等各种成就。这两句是说：凡事盛衰都有一定的时机，因此只恨自己没有早早就取得成就。

5. 考：老。长寿考：即长寿之意。这两句是说：人不像金石那样坚固，怎么可能长生不老呢？

6. 奄忽：疾速。物化：意思是死亡。荣名：光荣的名声，美名。这两句是说：人生短暂，很快就会消失，只有身后的荣名是可宝贵的。

【点评】

诗人驾车回返，长途慢慢，天地茫茫，春风摇动百草，所见的没有是以前遗留下来的，于是联想到自己人生的短暂。发出了生命苦短，荣名最可珍贵

的感言。一方面诗里表达了要建功立业的渴望，但另一方面，诗中也流露出了一种无奈的情绪。

　　这是一首说理的诗歌。说理而不显得枯燥说教，主要还是由于这首诗的写作采用了兴和比这两种艺术手法。

东城高且长

东城高且长，逶迤自相属[1]。

回风动地起，秋草萋已绿[2]。

四时更变化，岁暮一何速[3]。

晨风怀苦心，蟋蟀伤局促[4]。

荡涤放情志，何为自结束[5]。

燕赵多佳人，美者颜如玉[6]。

被服罗裳衣，当户理清曲[7]。

音响一何悲，弦急知柱促[8]。

驰情整中带，沉吟聊踯躅[9]。

思为双飞燕，衔泥巢君屋[10]。

【注释】

1. 逶迤：长而曲折。相属：相连不断。这两句是说：城墙又高又长，绵延曲折相连不断。

2. 回风：旋风。动地起：卷地而起。萋：草茂盛；游国恩先生主编的注本则解释作是"凄"的假借字。绿：游国恩先生主编的注本采用毛颖达对"绿"的解释，指草初黄时的颜色。这两句是说：旋风卷地而起，秋天的草色凄然由青绿转黄了。

3. 这两句是说：一年四季更替变化，现在又是一年快要过去了。

4. 晨风：是鸟名。"晨风怀苦心"：这句化用了《诗经·秦风》里的诗篇《晨风》，"䨓彼晨风，郁彼北林。未见君子，忧心钦钦。"这句以鸟喻人，意思是怀人而心中忧伤。局促：拘束，展不开。"蟋蟀伤局促"：这句化用了《诗经·唐风》中的诗篇《蟋蟀》，"蟋蟀在堂，岁聿其莫。今我不乐，日月其除。无已大康，职思其居。好乐无荒，良士瞿瞿。"这句化用了《蟋蟀》的意思，意思是《蟋蟀》诗里拘束、放不开的思想。"晨风怀苦心，蟋蟀伤局促"这两句的意思，游国恩先生主编的注本解释是：诗人对晨风、蟋蟀二诗的批评，以为像那两首诗里的主人公未免太使自己愁苦拘束了。

5. 荡涤：冲洗，清除。放情志：释放自己的情志。何为：何故，何以。结束：约束。上面两句是批评，这两句就正面提出了自己的主张：清除忧怀，释放情志，不要自己约束自己。余冠英先生解释说：以上四句是说《晨风》的作者徒然自苦，《蟋蟀》的作者徒然自缚，不如扫除烦恼，摆脱羁绊，放情自娱。

6. 燕赵：战国时期燕国、赵国所在地，今河北省、山西省一带。佳人：指女乐。颜如玉：语出《诗经·召南》里的诗篇《野有死麕》的句子"有女如玉"。形容女子容颜美丽如玉。

7. 被：读作"披"。被服：即穿着。理：温习，练习。清曲：即清商曲。这两句是说：如玉的美女穿着华美的衣服，对着门户奏起了清商曲。

8. 柱：指琴上上支弦用的物体，调节音量。促：移近。柱移得近则弦急，游国恩先生注本解释说：弦急是演奏调门高、旋律节拍快的曲子的情况。这两句是说：弹奏的曲子多么悲苦，听那高而快节奏的旋律，便知柱促。

9. 驰情：即神往。整：整理。中带：游国恩先乞的注本采用《仪礼》郑玄的注释，即单衫。"中"，有的本子作"巾"，也解释得通。聊：且。踯躅：徘徊不前，犹豫的样子。这两句是说：诗人听着佳人弹曲，心驰神往，整理单衫想接近佳人，但又有所顾虑犹豫不前。

10. 巢：即筑巢。这两句承上而表达自己的意愿：多想和你双双化作燕子，筑巢在你屋子的梁上，双宿双飞。

【点评】

　　这首诗历来有人主张分为两首诗，即开头至"何为自结束"为一首诗，"燕赵多佳人"至结束为另一首诗。这两首诗的文义不连贯。但前人也多有指出，自《文选》以来，这首诗就始终只被看作一首完整的诗篇。且前后的文义也是可以贯通的。

　　诗人登上东城，眺望四野风景，感受到时光的匆匆流逝，而想及时行乐。诗人在燕赵之地，燕赵之地多佳人，听着佳人的弹琴声，于是想着能和佳人结

为佳偶，朝夕相处，双宿双飞。动荡时世，人生实难，但得有如花美眷，这似水流年也是可以有所慰藉了。这是诗人所要表达的真实情感。

驱车上东门

驱车上东门，遥望郭北墓[1]。

白杨何萧萧，松柏夹广路[2]。

下有陈死人，杳杳即长暮[3]。

潜寐黄泉下，千载永不寤[4]。

浩浩阴阳移，年命如朝露[5]。

人生忽如寄，寿无金石固[6]。

万岁更相迭，贤圣莫能度[7]。

服食求神仙，多为药所误[8]。

不如饮美酒，被服纨与素[9]。

【注释】

1.上东门：黄节先生解释说，汉代洛阳城东面有三座门，靠北的叫"上东门"。郭：外城。郭北墓：洛阳城北面有北邙山，是当时墓地比较集中的地方。这两句说，驾车到了洛阳城的上东门，远远地望着洛阳城北面的北邙山上的墓群。

2. 白杨：白杨树，古代平民丧葬没有坟墓，下葬时种植杨柳为标志。萧萧：风吹树叶发出的声响。广路：富贵人墓前的墓道。这两句是说：白杨树在风中发出萧萧的声响，松树柏树种植在富贵人坟墓的墓道的两旁。无论平民还是富贵人，其身后墓地都令人感受到一种萧瑟的景象。

3.陈：久。陈死人：死去很久的人。杳杳：幽暗。即：就，动词。长暮：长夜。这两句是说：人死去就像堕入漫漫长夜，再也无法醒来。

4. 潜：沉默。寐：睡。黄泉下：地下。寤：醒。这两句是说：死去很久的人在地下沉默长眠，永远不会醒过来了。

5.浩浩：广大无垠。阴阳：古人以春夏为阳，秋冬为阴，指一年四季。年命：寿命。朝露：早晨的露水，日出即消失，极言其短暂。这两句是说：一年四季流转，无穷无尽，人的生命如朝露一样的短促。

6.寄：寄宿，借宿。这两句是说：人生短暂就像在大堤上借住，人的寿命没有金石那样的坚固长久。

7.万岁：意思是千秋万岁以来。更相迭：更相代替。度：同"渡"，越过。这两句是说：千万年以来，岁月更相代替，即使是圣人、贤人也不能越过这一关而长生不老。

8. 这两句里的"服食"和"药"，为互文见义，都是指求仙的丹药。这两句是说：那些服食仙丹想求仙的人，都被仙药所误了性命。

9.被：同"披"。被服：穿着。纨、素：都是指精致的丝织品，这里指华美的衣服。这两句正面表达了诗人的看法：还不如喝喝美酒，身穿华美的衣服，来得快乐。

【点评】

　　这首诗写诗人驾车到了上东门，远望北邙山上的墓群，联想生命的无常，圣贤也难逃一死，于是感慨与其无谓地服用仙药求神求仙，还不如享受眼前饮美酒服纨素的快活逍遥生活。

　　余冠英先生说这首诗反映了社会混乱时期一部分人的颓废的享乐思想。从写作上看，这首诗，前面烘托墓地萧瑟，而将视角和笔触直接对着"潜寐黄泉下，千载永不寤"的"陈死人"，尤其写的惊心动魄。

去者日以疏

去者日以疏，生者日以亲[1]。

出郭门直视，但见丘与坟[2]。

古墓犁为田，松柏摧为薪[3]。

白杨多悲风，萧萧愁杀人[4]。

思还故里间，欲归道无因[5]。

【注释】

1.去者：死去的人。生者：活着的人。以：有的本子作"已"，意思相通。这两句是说：死去的人一天天地疏远了，活着的人一天天地亲近起来了。"生者"，有的本子作"来者"。

2.郭门：外城门。丘、坟：指坟墓。这两句是说：走出外城门，满眼所见就是坟墓。余冠英先生解释其含义：满眼丘坟就是人生归宿。

3.犁：耕种。摧为薪：摧折当作柴薪。这两句是说：年代久远的墓，被犁耕作了田地，墓旁的松柏也被折断作了柴火。这两句是"去者日以疏"的意思更具体、更形象的表述。死去的人一天天地疏远了，年代久远之后，连墓也被犁作田地，墓旁的松柏也被摧折了当柴烧了。

4.杀：语助词。愁杀：极言忧愁之深。这两句是说：阵阵悲风吹来，白杨在风中萧萧作响，这情景真使人深深忧愁。所谓"悲风"，不是风"悲"，而是诗人悲，诗人悲，所以眼见都是悲，风也悲了。

5.还：陈柱先生解释说是通"环"，环绕。故里闾：即故乡。无因：没有机会，没有机缘。道无因：游国恩先生主编的注本解释作没有机会找到归去的方法。这两句是说：愁思环绕着故乡，想回去却没有机会。

【点评】

这首诗写了游子身经离乱，想回到故乡却得不到归去的机缘。这首诗写

了思乡怀人，也写了对生与死的问题的思考。"古墓犁为田，松柏摧为薪"两句写得有多沉痛。其中"白杨多悲风，萧萧愁杀人"一句尤为人所称道，宋代诗学家张戒说"萧萧"两字处处可用，但只是在坟墓之间，白杨悲风，"尤为至切"。

读 释 评

生年不满百

生年不满百，常怀千岁忧[1]。

昼短苦夜长，何不秉烛游[2]。

为乐当及时，何能待来兹[3]。

愚者爱惜费，但为后世嗤[4]。

仙人王子乔，难可与等期[5]。

【注释】

1.千岁忧：余冠英先生解释说，"千岁忧"这是指为身后的种种考虑，如为子孙的生活打算，为自己的冢墓计划等等。这两句是说：人的一生常常活不到百岁，却总为自己身后远至千年的事忧虑。

2.秉烛：持烛。这两句是说：人们苦于白昼短暂而黑夜漫长，那为何不持了烛光照明，夜以继日地游玩呢？

3.来兹：来年，将来，日后。这两句是说：及时行乐，哪能等得到将来呢？

4.爱惜费：指吝惜钱财。这两句是说：愚蠢的人吝惜钱财，舍不得花费，结果只是被后人嗤笑。

5.王子乔：古代传说中的仙人，《列仙传》里说王子乔是周灵王的太子，喜好吹笙作凤凰鸣叫，后来被道士浮丘公接引到嵩山上去成了仙人。等期：同样的希冀。以上四句连起来说就是：愚者爱惜费，舍不得花费，当然会被后人嗤笑。而想与王子乔一样被接引作了仙人，这也是很难能实现的。

【点评】

这首诗也是表达了人生苦短、行乐需及时的思想，主旨和《驱车上东门》相同。只是这首诗还嘲讽了吝啬的人和想求仙的人。清代学者尤侗说这首诗里的"生年不满百，常怀千岁忧"两句"唤醒痴愚多少"。这也是说这两句写得警策。

凛凛岁云暮

凛凛岁云暮，蝼蛄夕鸣悲[1]。

凉风率已厉，游子寒无衣[2]。

锦衾遗洛浦，同袍与我违[3]。

独宿累长夜，梦想见容辉[4]。

良人惟古欢，枉驾惠前绥[5]。

愿得常巧笑，携手同车归[6]。

既来不须臾，又不处重闱[7]。

亮无晨风翼，焉能凌风飞[8]。

眄睐以适意，引领遥相睎[9]。

徙倚怀感伤，垂涕沾双扉[10]。

【注释】

1. 凛凛：寒冷。云：语助词。蟋蟀：一种昆虫，昼伏夜出，尤喜夜鸣。这两句是说：天寒了，一年又到了年底，蟋蟀在晚上鸣叫，令人感到悲凉。

2. 率：大都。厉：猛。这两句是说：秋的凉风大都吹得很猛烈了，在外的游子还没有寒衣。

3. 锦衾：锦被。遗：赠送。洛浦：洛水之滨，这里用了洛神的故事，传说洛水之神名宓妃，洛神后来就成为美女的代称。袍：披风。同袍：这首诗里代指同衾，同盖一条被子，指夫妇。违：离别。这两句是在家乡的妇人的担心：在外的良人把锦被送给了美人，而和我离得远了。

4. 容辉：容颜风采。这两句是说：妇人在家里独宿不知道过了多少个长夜，梦中还能看到丈夫的容颜风采。

5. 良人：古代妇女对丈夫的称谓。惟：思念。古欢：即旧欢。枉驾：指丈夫屈尊驾车惠顾。前绥：登车用的挽绳。这两句，前一句是妇人推想在外的良人也还是想着自己的；后一句是写妇人在梦中见到新婚时丈夫驾车前来把车上的挽绳递给自己。

6. 巧笑：美好的笑。这两句还是叙述妇人梦中所见的情景：那时新婚，丈夫对妻子说希望能常看到你的巧笑，我们一起携手同车回家吧。

7. 须臾：片刻。重闱：指闺中。这两句还是叙述妇人的心理活动：丈夫既来了没有多长时间，又没有久住闺中。

8. 亮：信。晨风：鸟名，善飞。凌风：乘风。这两句写梦醒后妇人的心理活动：我实在没有晨风鸟儿那样的翅膀，哪里能够乘风飞着去追寻丈夫呢？

9. 盱睐：顾盼，纵目四顾。适意：宽心。引领：伸长头颈。睎：望。这两句是说：妇人只能纵目四顾来宽自己的心，伸长头颈遥遥远望。清代诗歌评论家陈祚明解释这两句里的前一句的含义："盱睐以适意"，犹言远望可以当归。

10. 徙倚：意思是徘徊。涕：眼泪。扉：门扇。这两句是说：妇人徘徊满怀伤感，眼泪都沾在了门上。

【点评】

　　这是一首思妇思念游子的诗。诗歌开篇写时节已入深秋，天气寒冷，秋虫悲鸣。在这样一片悲凉的气氛里，写了思妇的怀想，惦记丈夫在外没有过冬的衣服，思念太深而梦见丈夫，梦见当初新婚的欢愉情景。醒来更觉寂寥。如何宽解自己呢？远望可以当归，而靠着门儿远望，泪水还是打湿了门扉。

　　这首诗里的气氛的烘托，梦中和梦醒之后的心理活动的描写，都达到了很高的艺术性，感人至深。

孟冬寒气至

孟冬寒气至，北风何惨栗[1]。

愁多知夜长，仰观众星列[2]。

三五明月满，四五蟾兔缺[3]。

客从远方来，遗我一书札[4]。

上言长相思，下言久离别[5]。

置书怀袖中，三岁字不灭[6]。

一心抱区区，惧君不识察[7]。

【注释】

1. 孟冬：初冬，夏历十月。惨栗：形容寒冷到了极点。这两句说了初冬，寒气来到，北风寒冷到了极点。

2. 这两句是说：忧愁太多不能入眠，才知道冬夜的漫长，起来看群星在天上罗列着。冬天，原本就是昼短夜长，而愁多失眠的人，更觉冬夜的漫长。

3. 三五：十五，夏历十五日。四五：二十，夏历二十日。蟾兔：代指月亮，传说月亮中有蟾蜍和玉兔。这两句是说：十五日时月儿圆，二十日时月儿缺。这两句也是说明思妇夜里睡不着，所以把月亮的圆缺变化观察得这么清楚。

4. 遗：赠予。书札：书信。这两句是说：客人从远方来，给我送来丈夫写给我的一封书信。

5. 上、下，即前、后，意思是书信的开头和结尾。这两句是说：信的开头写着长相思，信的末尾说别离太久了。总之，这封信里写满了丈夫的思念之情。

6. 这两句是说：把信放入怀袖中，过了三年字迹还没有磨灭。这是表示思妇对这封信的珍视。

7. 区区：指相爱之情。这两句是说：我心底里怀抱着相爱的深情，只怕你看不到啊。

【点评】

　　这是一首思妇思念丈夫的诗。前半首写思妇思念丈夫，冬夜漫长，辗转

难眠，起看星辰，因此对月亮的圆缺变化都看得清清楚楚了。后半首则是追述自从三年前收到丈夫的书信以来，这封书信贴身珍藏着，三年之久而字迹还没有磨灭，拳拳之心可证，只是担心丈夫没能看到自己的一片相思深情。清代诗评家朱筠说这首诗里"客从远方来"这几句，"别开境界，别诉怀抱"，说得真好。

客从远方来

客从远方来，遗我一端绮[1]。

相去万余里，故人心尚尔[2]。

文彩双鸳鸯，裁为合欢被[3]。

著以长相思，缘以结不解[4]。

以胶投漆中，谁能别离此[5]。

【注释】

1. 端：犹言匹。一端：半匹。这两句是说：客人从远方来，送给我半匹美丽的丝织品。

2. 故人：指思妇的丈夫。尚尔：还是这样的意思。这两句是说：夫妇两人相隔万里之遥，但丈夫的心依然没有变化，还是和原先的一样。

3. 文彩：指丝织品的花纹很漂亮。合欢被：指夫妻合盖的被子。这两句是说：夫妻合盖的被子上，有着美丽的鸳鸯的图案。

4. 著：往被子里填充。思：指丝绵，取"丝""思"谐音和绵绵不绝之意。缘：饰边，装饰被子的四边。结不解：余冠英先生解释说，这是用来象征爱情的，和同心结之类相似。

5. 胶、漆：这两种东西都是黏性的，合在一起，自然难分开。这两句是说：夫妻感情如胶似漆，谁能拆解分开呢？

【点评】

这是一首思妇诗，写思妇得到丈夫万里之外请人带来的绣着鸳鸯图案的"一端绮"，这使思妇确定了丈夫的"心尚尔"，没有变心，所以内心充满着喜悦。诗里用了谐音、双关等手法，诗思精巧。

明月何皎皎

明月何皎皎，照我罗床帏[1]。

忧愁不能寐，揽衣起徘徊[2]。

客行虽云乐，不如早旋归[3]。

出户独彷徨，愁思当告谁[4]。

引领还入房，泪下沾裳衣[5]。

【注释】

1. 罗床帏：罗绮制作的床帐。这两句是说：明月多么皎洁，月光照耀着我的罗绮做的床帐。

2. 揽衣：提起衣裳，古人衣服长，所以走路时须用手提起衣裳。这两句是说：忧愁所以睡不着，起身提着衣裳在月下徘徊。

3. 云：语助词。旋：同"还"，回转。这两句是说：丈夫在外虽然快乐，还是不如早点儿回家吧。余冠英解释说，丈夫在外快乐不快乐，妇人在家里怎么能够得知呢？不过出门的人久久不归，所以猜想他或许有可乐之道。

4. 彷徨：即徘徊。这两句是说：妇人走到门外徘徊，忧愁思绪可以向谁诉说呢？

5. 引领：伸长脖子。这两句是说：愁思无人可以倾诉，抬头仰望，然后回到房间里，泪水涟涟湿衣裳。

【点评】

这也是一首思妇诗。明月之夜，思妇怀想远行的丈夫，辗转难眠，起身月下徘徊，忧愁之思无人可倾诉，泪下沾湿衣裳。诗写思妇的"不能寐""徘徊""出户""彷徨""引领""泪下"，一层一层地写来，动作和叙述和心理活动的表达，细致而生动。清代诗评家张玉谷称赏这首诗"写出相思之苦，收得尽而不尽"。